LES

CRISES GOUVERNEMENTALES

SANS CESSE RENOUVELÉES DEPUIS 1789

NOUVEAUX DOCUMENTS

SUITE A L'OUVRAGE INTITULÉ

FIN DE LA RÉVOLUTION

Le mal va crescendo.

EN VENTE

LYON	PARIS
CHEZ RUBAN	DELHOMME ET BRIGUET
6, PLACE BELLECOUR, 6	13, RUE DE L'ABBAYE, 13

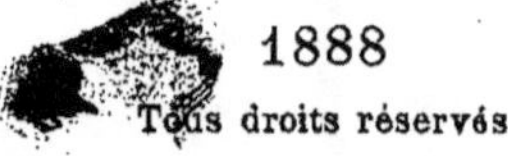

1888

LES

CRISES GOUVERNEMENTALES

LES

CRISES GOUVERNEMENTALES

SANS CESSE RENOUVELÉES DEPUIS 1789

NOUVEAUX DOCUMENTS

SUITE A L'OUVRAGE INTITULÉ

FIN DE LA RÉVOLUTION

Le mal va crescendo.

EN VENTE

LYON	PARIS
CHEZ RUBAN	**DELHOMME ET BRIGUET**
6, PLACE BELLECÓUR, 6	13, RUE DE L'ABBAYE, 13

1888

LES

CRISES GOUVERNEMENTALES

En France on dit toujours : Où allons-nous? où allons-nous?

La vérité est que nous sommes tombés dans un gâchis qu'il était, cependant, facile de prévoir; mais les bornés en politique ne l'ont pas prévu. Actuellement, le désarroi est à son comble; les ennemis extérieurs se disent : *La France est à nous; nous pouvons y entrer; elle est sans gouvernement possible ; elle a mis de côté Dieu, le pilote ; les misérables qui ont saisi violemment le pouvoir ont montré leur impuissance, leur incapacité; ils ne s'entendent plus; la partie intelligente de la nation est restée, pour ainsi dire, spectatrice.*

Telle était la Pologne, lorsqu'elle tomba sous le joug de l'étranger.

Tel serait le sort de la France, si une partie de son peuple n'élevait ses mains et son cœur vers l'arbitre des nations.

Que les gens sensés n'oublient pas les promesses faites à la France, au sacre de Clovis[1]. Ces promesses ne sont pas révoquées; ce qui le prouve ce sont les avertissements

1. Saint Remi.

divins qui lui ont été donnés[1]. Que la France prie, et Dieu lui viendra en aide.

En faisant un retour sur le passé, on trouve la source de nos malheurs, et leur cause véritable.

1789

1789 devait inaugurer l'ère des réformes sociales présentées sagement par Louis XVI. Mais ce ne fut qu'une occasion pour les révolutionnaires de renverser l'ordre par le désordre, c'est-à-dire la Monarchie par la République, car il est acquis aujourd'hui qu'en France, République est synonyme de désordre du haut en bas de l'échelle sociale. Aussi, les plus grands crimes furent-ils commis, sous prétexte de réformes, de liberté, prétexte servant à couvrir l'horreur des assassinats sans nombre, des injustices, des vols, des incendies et des cruautés de tous genres, qui ont fait de la France un abîme de désastres, jusqu'à assassiner le roi Louis XVI, le Père du peuple.

Tous les gouvernements d'aventuriers qui se sont succédé sous ce régime atroce affichaient partout, comme aujourd'hui, la devise mensongère : *Liberté, Égalité, Fraternité*, tandis qu'ils pratiquaient la tyrannie, le meurtre et la spoliation.

Tous ces parvenus du désordre n'avaient cherché, dans les crises sociales, que le moyen d'arriver au tripotage d'argent, de mettre la main dans les finances publi-

1. La Salette.

ques, et de se créer ainsi une position qu'ils n'avaient su se faire par un travail et une vie honorables.

On les avait vus, d'abord, à la tête des publications malsaines, glorifiant toutes les mauvaises doctrines, et c'était déjà, comme aujourd'hui, l'unique source de leur triste renommée.

Mais les temps changent...

Le peuple, désabusé de toutes les promesses mensongères, finira par ouvrir les yeux sur ces politiciens du jour, véritables chevaliers d'industrie. Il prendra en horreur les sinistres révolutionnaires qui l'ont trompé et qui ont entraîné la France dans les plus affreuses calamités.

1805

En 1805, Napoléon Ier n'avait rétabli l'ordre qu'en vue de monter au pouvoir et de satisfaire son ambition personnelle.

Législateur, il avait compris que, pour gouverner un peuple, il fallait l'ordre moral et l'ordre politique ; il fit rentrer sous terre les hommes de désordre, et avec une telle promptitude, qu'on a pu dire, de cet homme prodigieux, *que Dieu semblait diriger son bras.*

Grand capitaine, son génie militaire enfla son orgueil ; il crut se rendre maître de l'Europe, et même du gouvernement de l'Église, persuadé que rien ne pouvait résister à sa volonté.

Détrônant les Rois, traînant les Papes à son char triomphal, il faisait encore disparaître tous ceux qui pouvaient lui porter ombrage (le duc d'Enghien, par exemple, pour n'en citer qu'un parmi bien d'autres, pris sur une terre étrangère, et mis à mort dans les fossés de Vincennes).

Son ambition insatiable lui fit répudier Joséphine, femme de grand mérite, pour épouser une princesse d'Autriche, dans l'espoir d'avoir un fils qui lui succédât.

Là se montre le doigt de Dieu :

Le fils de Napoléon ne lui succèdera pas ! Le temps de ses victoires est passé ; son armée, jusqu'alors invincible, est anéantie ; lui-même est conduit sur un rocher solitaire, où il a le temps de méditer sur les coups de la Providence divine. Et il laisse la France entre les mains de ses ennemis, tandis que le Pape rentre dans ses États.

Que ces grandes leçons données à la France et à ceux qui doivent la gouverner ne soient pas oubliées.

1815

En 1815, c'est Louis XVIII, ambitieux et hypocrite, qui a conspiré contre son frère Louis XVI, voulant régner à tout prix.

Philosophe voltairien, il employait au besoin le crime pour arriver à ses fins.

Averti, providentiellement, par Martin de Gallardon, *qu'il doit céder le trône à qui de droit* . . . .

Il promet de s'en occuper et n'en fait rien.

Son neveu, le duc de Berry, lui dit : *Mieux vaut le droit qu'un trône :* et le duc meurt victime de sa franchise[1].

Martin de Gallardon lui avait dit également que, s'il se faisait sacrer, il mourrait pendant la cérémonie.

1. Consulter *le Passé et l'Avenir*. Un vol. in-8, Paris, 1832, chez Édouard Bricon.

Or, tout avait été préparé pour le sacre, *qui n'eut pas lieu ;* il y avait donc encore, dans l'esprit du roi philosophe, la crainte des châtiments divins.

1824

En 1824, Charles X succède à son frère, et, mal conseillé, il suit la même voie.

L'histoire nous dit que Louis XVIII, éclairé sur la survivance de Louis XVII, avait consigné, dans un écrit, ses dernières intentions à cet égard ; cet écrit était enfermé dans une cassette qui fut ouverte en présence du ministre Decaze, du cardinal Latil et de Charles X.

On tint conseil . . . .

Et il fut décidé qu'on ne tiendrait pas compte des intentions du défunt, parce que cela troublerait l'ordre, et amènerait des difficultés dangereuses pour la succession au trône.

Charles X tomba dans la même faute que Louis XVIII, au sujet des droits de son neveu Louis XVII[1].

On ne fit aucune recherche.

Faut-il s'étonner, alors, de la fin désastreuse du règne de Charles X, et de sa fuite en exil où il mourut ?

Qui ne voit là le doigt de Dieu ?

Charles X avait à Rambouillet trente mille hommes dévoués, frémissant d'impatience et d'ardeur, avec lesquels il pouvait encore dompter l'émeute et rétablir son pouvoir.

1. Consulter les *Intrigues dévoilées*, par le comte Gruau de la Barre, jurisconsulte. Quatre vol. in-8.

Mais il se rappelle les paroles de Martin de Gallardon, et envoie auprès de lui M. de la Rochejaquelein, pour demander s'il doit résister. Martin répond que c'est inutile, et que Henri, le petit-fils du roi, ne règnera pas. C'est d'après cette réponse que Charles X prononça cette parole : *Assez de sang versé !* et qu'il congédia son armée.

1830

Louis-Philippe d'Orléans, après quinze ans de conspiration, monte sur le trône, où il est porté par l'émeute aidée de la franc-maçonnerie, à la tête de laquelle était La Fayette ; aussi son règne ne fut-il qu'une suite de la révolution maçonnique, dont il multiplia les adeptes dans l'administration et les collèges, afin de corrompre plus facilement les générations nouvelles, croyant ainsi se rendre maître de la classe ouvrière, et la pressurer.

Ceux-ci, se voyant joués par la bourgeoisie orléaniste franc-maçonne, se révoltèrent à plusieurs reprises, notamment à Lyon.

Les sociétés secrètes, auxquelles il avait tout promis, s'aperçurent aussi qu'il les avait leurrées, se liguèrent contre lui et devinrent ses ennemies mortelles.

On peut juger l'homme au début de son règne : Charles X venait de conquérir l'Algérie ; les ouvriers de Paris, qui avaient guerroyé aux journées de Juillet, furent envoyés en grand nombre en Afrique ; ils étaient à peine vêtus ; il leur promit une petite maison, un jardin, des moutons pour les récompenser, et ils n'eurent pas même un abri ; on les mit en face des Bédouins, et on sait s'ils eurent à souffrir, par le petit nombre de ceux qui sont revenus, en disant : *De l'Afrique, assez !...*

Et ce peuple, unique en son genre, de chanter : *Nous avons eu le mal, ils ont la récompense ; pour tous ces chenapans, faites donc une révolution !*

Un dernier trait peindra cet usurpateur : homme vil, il profite, lui et son ministre Thiers, de la situation de la duchesse de Berry pour tâcher de la flétrir. Ce fut le comble de sa lâche perfidie ; mais toute l'horreur de cette trame ignoble retomba sur lui et sur son ministre, tant parut grande la petitesse de ses moyens pour nuire au parti légitimiste.

Voici maintenant son origine, d'après Michaud, l'auteur de la *Biographie* [1] :

« *Philippe-Égalité* voulait absolument avoir un fils. Dans un voyage qu'il fit en Italie, avec sa femme, qui était enceinte, il convint, avec un nommé Chiappiani, dont la femme était aussi en état de grossesse, que, si elle lui donnait un fils, et si la duchesse mettait au monde une fille, ils échangeraient leurs enfants, moyennant bonnes finances ; et le projet s'exécuta. Philippe prit le garçon de Chiappiani et lui donna sa fille, dont la duchesse venait d'accoucher, » ainsi qu'il est écrit dans l'ouvrage de Michaud et dans celui de *Maria Stella*, en un vol. in-8, dont deux éditions, plus une brochure en 1833, avec portrait de *Maria Stella, fille de Philippe-Égalité.*

---

1. *Vie politique et privée de Louis-Philippe d'Orléans*, par Michaud. Un vol. in-8.

Que les gens un peu sensés portent donc leurs espérances sur les d'Orléans !!!!

La fin du règne de Louis-Philippe Ier a été des plus igno-
minieuses. La justice divine était là.

Charles X s'était retiré avec une partie de son armée ;
Philippe s'en va comme un voleur qui se sauve.

.   .   .   .

1848

En 1848, un nouvel essai de république fut bientôt suivi
d'une monstrueuse guerre civile (ce qui prouve, mieux que
tous les raisonnements, que la nation française n'est pas
républicaine). Le sol français refuse vie à la République.

Elle commence, en effet, par les barricades aux journées de Juin ; les rues de Paris sont ensanglantées de
nouveau ; c'est un déchirement à outrance. Le Pasteur,
l'archevêque de Paris, veut apporter des paroles de paix
à ces hommes égarés. Il est frappé ; il succombe sur la
barricade, où sa charité l'avait appelé.

Ils sont frères et se déchirent, comme s'exprime Pierre
Turrel, et c'est encore la République qui veut renaître dans
le sang.

Divine intelligence, où es-tu ? s'écrie le même prophète.

1849 — NAPOLÉON III

Ce nouveau venu, ce héros de l'échauffourée de Stras-
bourg, cet échappé de Ham, après avoir juré fidélité à la
République, devient parjure. Il trame, et arrive à se faire
nommer empereur.

Il avait trafiqué dans les bas-fonds des Sociétés secrètes ;
le génie du mal le poursuit. Après quelques victoires, son

orgueil grandit ; il déclare la guerre, imprudemment, à la la Prusse. Mais, comme avait prédit la Sibylle [1], *l'épée d'Alexandre sera trop lourde pour sa main.*

Il est vaincu, et ce n'est que sous son règne qu'on a vu une armée française, presque entière, faite prisonnière.

Il avait abandonné ses promesses au Pape, et il s'effondre devant ses ennemis, le jour où il retire ses troupes de Rome.

Toujours le doigt de Dieu est là...

Le drapeau tricolore, né de la Révolution, *se ramasse à la pelle, comme on le ferait de vieux chiffons* [2]; comme ce sera plus tard le sort du drapeau rouge et de son successeur probable, le drapeau noir, bien dignes de figurer dans un effondrement de la France.

1870

Voici le troisième essai de la République, avec son cortège ordinaire d'hommes de désordre ; elle commence par faire toutes les sottises possibles.

Au lieu de conserver l'organisation gouvernementale du moment, pour établir la défense nationale, on proclame la République, ce qui ne fait que compliquer le désarroi de la situation. En effet, la déchéance de Napoléon était chose méritée ; mais le plus pressé, pour la défense, était de réunir ses forces au lieu de les diviser; c'était de sauver la patrie, au lieu d'établir la République, laquelle ne pouvait que mettre en mouvement les anarchistes.

1. Mlle Lenormand.
1. Expression d'un général dans sa colère.

Il s'ensuivit que l'armée et son chef, Bazaine, perdirent confiance, ne sachant plus à qui obéir, si c'était à la Commune ou à l'Empire ; et la défense, manquant d'une direction intelligente et ferme, ne pouvait que s'engager dans une impasse, au bout de laquelle, forcément, elle devait échouer.

Pour comble de désastre, les anarchistes s'empressent d'arborer le drapeau rouge, de proclamer la Commune, de massacrer des généraux, d'assassiner, sous prétexte d'otages, les personnes les plus dignes de respect, telles que l'archevêque de Paris et des prêtres irréprochables[1].

Enfin, les portes de la France sont ouvertes aux anarchistes italiens, avec Garibaldi en tête et ses satellites pillards.

En résumé, ce troisième essai de république en France n'est que la répétition des deux premiers, toujours bien affligeant pour les cœurs vraiment français et honnêtes.

Il faut être bien borné pour ne pas comprendre que ce genre de gouvernement est tout à fait incompatible avec l'ordre en France ; c'est tellement vrai qu'à chaque tentative de cette nature, ce sont les hommes sans foi, sans honneur, qui s'emparent du pouvoir. Les intrigants prennent les places lucratives, les entreprises à pots-de-vin.

Au 4 septembre 1870, ils ont envoyé nos braves militaires avec des chaussures de carton, des pantalons d'amadou que les couturières pouvaient à peine coudre, des fu-

----

1. Pauvre peuple insensé et barbare ! les sauvages sont plus civilisés que toi, et s'ils avaient été témoins des incendies allumés par la Commune, ils pourraient bien dire, comme Boileau :

Le plus sot animal, à mon avis, c'est l'homme.

sils mis à la réforme, et ainsi de toutes les provisions de guerre, dont les fournisseurs faisaient grand profit, trompant, volant, pendant que les grands flibustiers fumaient les cigares exquis, et disaient aux généraux : *Allez et soyez vainqueurs*[1] *!*

On a bien parlé de vérifier les comptes; mais les indignes avaient la haute main, se soutenaient comme larrons en foire, et, plus tard, se sont distribué les croix d'honneur.

Ils ont ensuite chassé les Frères, les Sœurs de charité qui veillaient au chevet des malades pauvres, et ils ont travaillé, avec une malice infernale, à chasser Dieu de l'enseignement, dans l'espoir d'établir une autorité tyrannique, en violant les droits les plus sacrés de la famille et de la liberté.

Et ces détracteurs de toute morale voudraient encore se croire législateurs !

Divine intelligence où es-tu ? On te prostitue; on te vend.

C'est bien d'eux qu'il est dit : *S'ils sont sauvés, l'esprit infernal se laissera voler.*

Ils rient de la morale chrétienne et de ses avertissements divins, mais ils auront tout le temps de gémir sur leurs égarements volontaires.

Tous ceux qui se sont emparé du pouvoir par fraude ont cherché à nier l'autorité divine, le droit divin, pour couvrir et autoriser leur criminelle usurpation; et ils osent parler de progrès; ils s'imaginent que tout le peuple fran-

---

1. Gambetta et ses acolytes.

çais va croire à leurs fourberies ; ils se trompent ; le peuple, considérant que ces hommes d'iniquité l'ont dupé, se révoltera. Ce jour-là, justice sera faite. *A chacun selon ses œuvres.*

Maintenant, avec un gouvernement sans Dieu, où en sommes-nous ?

Rien ne répond mieux à cette question que l'article de M. de Cassagnac, du 22 septembre 1887, publié dans *l'Autorité*, intitulé l'*Horizon*.

« Tout marche, tout se précipite en avant, avec une irrésistible fatalité ; où allons-nous ? que va-t-il se passer ? que restera-t-il de la Patrie d'ici quelques mois ? Pas un homme ne saurait et surtout n'oserait le dire. C'est le commencement de la fin, et rien ne serait capable aujourd'hui d'arrêter ce mouvement. La France peut tout aussi bien y périr, qu'elle peut s'en relever puissante et glorieuse.

« Tout est à craindre, et tout est à espérer. Nous nous agitons et Dieu nous conduit, sans que nous sachions, aveugles que nous sommes, ce qui va nous apparaître à l'horizon le plus prochain : la guerre civile, la guerre étrangère, la Dictature ou le démembrement de la France, le réveil de la Patrie peuvent aussi bien sortir de la situation ; c'est le cas ou jamais, même pour les plus vaillants, de ceindre leurs reins, d'assurer leurs cœurs et de se tenir prêts. »

L'horizon, tel qu'il est dépeint dans l'article précédent, prouve que l'on ne peut compter sur les gouvernements d'aventure, tels que ceux dont les essais viennent d'être passés en revue dans cet opuscule, à partir de 1789.

L'expérience est faite aussi des révolutionnaires de tout

genre, et si l'on continuait à patauger dans le même gâchis, *on finirait*, comme a dit le prophète[1], *dans le sang et dans la boue.*

L'esprit de l'homme a une limite, fixée par Dieu, et que nous ne pouvons dépasser. Il nous reste à respecter les avertissements qu'il a bien voulu nous donner, et le prier de sauver la France.

Il y a une grande lacune, dans l'histoire de France, que les révolutionnaires de la Convention nationale et tous ceux qui se sont emparé du pouvoir en France, depuis 1789, ont cherché à nier, pour autoriser leur criminelle usurpation. C'est l'évasion du fils du roi Louis XVI, délivré de la Tour du Temple.

C'est un fait bien prouvé que le Dauphin a été sauvé de la prison du Temple, par des amis dévoués. Plus de quarante historiens de toutes conditions, depuis les plus respectables, et même parmi les ennemis de la royauté, ont consigné ce fait dans leurs écrits.

S'il y a eu tant d'imposteurs qui se sont dit être fils de Louis XVI, c'est déjà une forte preuve que le véritable a été sauvé de sa prison[2].

Plusieurs conventionnels avaient connaissance de cette évasion, entre autres Cambacérès, qui a dit : *Le Dauphin a été sauvé du Temple, mais je ne veux pas dire quand et comment*[3].

---

1. Consulter *Fin de la Révolution*, un vol. in-8, chez Briguet, libraire, avenue de l'Archevêché, à Lyon.

2. Les faux dauphins ont été mis en avant pour faire diversion sur le véritable ; tel le baron Richemont, fils de Perrin, boucher de Lagnieu, qui faisait partie de la police secrète sous Louis-Philippe.

3. *Mémoires du baron Fin,* année 1795.

En même temps que la Convention annonçait la mort du Dauphin, elle ordonnait des poursuites sur toutes les routes, à la recherche de ce prince. Mille autres faits sont relatés à ce sujet dans l'histoire[1].

Un ministre d'État, à qui l'on posait la question de Louis XVII, répondit :

« Il est possible que ce prince existe ; mais, si cela est, on ne peut rien faire en sa faveur, parce que, s'il était reconnu, ce serait la honte de toutes les cours de l'Europe[2]. »

Eh bien ! s'il plaisait à Dieu que les descendants de ce prince fussent reconnus, puisqu'il n'y a rien, jusqu'à présent, qui prouve qu'ils n'existent pas, quelle figure feraient tous ces Potentats, *Prétendants*, Ministres, qui, de loin ou de près, auraient trempé dans le crime de cette méconnaissance volontaire ?

Ce n'est pas là une petite question ; c'est la plus importante du jour, vu les circonstances actuelles. Et qui sait ? Si les droits ont été méconnus, comme beaucoup d'auteurs le prétendent, si la vérité a été rejetée, repoussée, pour servir des intérêts dynastiques ou révolutionnaires, il importe à tous ceux qui ont un cœur

---

1. Consulter l'ouvrage intitulé : *Les Intrigues dévoilées*, par M. le comte Gruau de la Barre. Quatre vol. in-8, imprimés à la Haye (Hollande), 1840.

Lire aussi l'ouvrage de M. Otto Friedrich, *Un Crime politique*. Un vol. in-8. Bruxelles.

2. M. de Beauchesne, dans son ouvrage *La Vie et la Mort de Louis XVII*, prétend établir que le prince est mort au Temple ; cependant, sur la fin de sa vie, il a convenu qu'il avait consulté des renseignements douteux. Or, son livre a été couronné par l'Académie ; il est donc présumable qu'il dut cet honneur à la pression orléaniste.

honnête de rechercher cette vérité, ces droits en mettant de côté tout parti pris, tout sentiment privé.

L'immortel Pie IX, éclairé par l'Esprit-Saint, a dit :

La France sera sauvée par un grand miracle qui étonnera le monde. Ne serait-ce pas un vrai miracle, en effet, qu'une famille, éprouvée pendant près d'un siècle, vît enfin ses droits reconnus, au grand détriment de toutes les ambitions malsaines ?

Jamais application plus juste et plus considérable n'aurait eu lieu de ce verset du Magnificat : *Deposuit potentes de sede, et exaltavit humiles.*

APPENDICE

NOTES ET AVERTISSEMENTS

Fiat lux!

Paris, la ville des sciences et des arts, pourquoi recèles-tu dans ton sein des hommes d'une politique démoniaque, ne s'occupant que de projets pervers, de troubler l'ordre social, de pervertir les peuples par des doctrines enfantées par l'enfer, capables de tout détruire, se moquant de toute morale, et s'efforçant de bouleverser les sociétés les mieux organisées, pour les entraîner plus facilement à l'erreur [1].

Quelle terrible responsabilité ils auront devant Dieu, pour avoir employé leur intelligence à pousser leurs semblables à la corruption, au lieu de les mener au bien, par une entente vraiment fraternelle !

Que Paris agisse avec prudence et sagesse, s'il tient à conserver la prérogative que la France veut bien lui accorder.

Mais s'il continue à vouloir bouleverser le pays par ses gouvernements excentriques, sans raison, sans morale, se souciant peu du droit de ses commanditaires, il risque fort de succomber sous la volonté nationale de la France.

Et alors, Paris abandonné pourrait bien courir à sa ruine et avoir le sort de ces grandes cités, dont nous avons l'exemple dans l'histoire des peuples.

Ces villes si florissantes, si puissantes, qui avaient attiré, par leur orgueil et leur tyrannie, les vengeances de Dieu et des peuples qu'elles voulaient braver, ces cités si somptueuses ont été réduites à néant, et l'on a peine à en retrouver l'emplacement.

1. Véritables saltimbanques politiciens.

Qui oserait affirmer que pareil sort ne menace pas la nouvelle Babylone ?... et que, dans un temps plus ou moins rapproché, le père ne dira pas à ses petits-enfants, en leur montrant l'espace vide et silencieux : C'est ici qu'existait Paris ?

Or, Paris n'est pas plus puissant que ne l'étaient ces grandes cités, dont l'histoire nous rappelle l'existence.

Paris n'est, du reste, que le siège de la représentation nationale, et cette représentation peut fort bien être transportée ailleurs.

En effet, la Commune de Paris a violé le droit des Français, en s'érigeant en souveraine ; il s'ensuit, qu'à un moment donné, la France pourra établir le siège de son gouvernement là où elle trouvera le plus de sûreté.

Il est difficile de prévoir où le mal s'arrêtera, dit M. de Cassagnac, dans l'article précité, *l'Horizon :* cela est vrai dans l'état critique où la France est engrenée depuis la fin du siècle dernier, par la propagande de l'athéisme voltairien, qui a ouvert l'ère des corruptions. Par contre, la cour vertueuse de Louis XVI avait excité les haines de l'enfer.

Les esprits infernaux se sont déchaînés contre la majesté royale la meilleure, la plus pure, en faussant l'esprit du peuple ; lui faisant croire que ce meilleur des rois était un tyran. Mensonge infernal débité par l'esprit immonde de la franc-maçonnerie. Ces révolutionnaires ont abusé de la crédulité du peuple, le fascinant et lui faussant l'esprit par tous les moyens corrupteurs, par le vote universel odieusement falsifié, lui disant pour mieux le flatter et le séduire qu'il était *souverain ;* pouvait-on le tromper d'une façon plus ironique ? tandis qu'en établissant ce vote universel, ils n'avaient qu'une pensée : *Nous ferons voter le peuple en masse, comme une marionnette,* se disaient-ils, *selon nos volontés ; nous aurons ainsi le moyen d'arriver au pouvoir, et de nous installer à l'aise ; en faisant quelques discours flatteurs, nous leur ferons faire tout ce que nous voudrons.*

Sans doute, le vote est une belle institution, mais seulement dans une société particulière, intime, où l'on n'a qu'un même sentiment d'*ordre,* un même principe d'économie, de secours mutuel, d'association en science ou en religion ; parce que là seulement le candidat proposé est connu et *respecté*, et les électeurs ont la conscience de savoir pour qui ils votent.

Mais quand il s'agit d'un candidat pour l'administration d'un gouvernement, pour délibérer sur les intérêts d'un peuple, alors la solution est tout autre.

Il faut donc que le pays soit sagement consulté, pour ne pas tomber dans des erreurs capables d'entraîner un peuple à sa ruine, comme cela se voit aujourd'hui. Il faudrait donc un vote pratiqué avec discernement ; il faudrait, par exemple, exiger, pour être électeur, l'âge de trente ans ; ce n'est guère qu'à cet âge que l'homme acquiert un peu d'expérience, qu'il pense à se faire une position stable.

Il faudrait aussi qu'il habitât depuis cinq ans la même localité, ou qu'il pût justifier, en cas de changement, de l'avoir habitée pendant ce laps de temps ; qu'il payât, enfin, une cote mobilière, ayant une demeure fixe ; ainsi ne serait électeur que l'homme intéressé personnellement au maintien de l'ordre et de la sécurité.

Il est également important que le candidat qu'on propose ait, avec les qualités morales, les connaissances industrielles pour défendre les intérêts qui lui seront confiés, et pour cela, l'âge de quarante à cinquante ans est indispensable, car l'expérience ne vient pas sans la pratique.

Toutes ces conditions sont nécessaires pour qu'une société forme un ensemble de fraternité et d'union parfaite en vue de procurer le bien de tous.

De la démoralisation gouvernementale devait naître la conflagration politique révolutionnaire ; et, en effet, nous sommes arrivés à ce point où le mal est à son paroxysme ; c'est le moment de s'écrier avec le prophète Pierre Turrel : *Grand Dieu ! qui sauvera ton peuple ?*

Les morts ressusciteraient pour nous avertir, qu'ils ne seraient pas écoutés.

Un gouffre béant est ouvert, et la foule s'y précipite sans apercevoir le danger ; foule aveugle, refoulant avec rage tout ce qui gêne sa marche insensée. Ah ! si au lieu de s'exercer à des guerres fratricides, l'on se décidait à pratiquer en tout et partout cette belle et importante maxime : *paix et travail,* comme la face du monde changerait ! Comme les peuples fraterniseraient entre eux, et échangeraient loyalement leurs produits, au lieu de se ruiner les uns et les autres en machines de guerre ! Le sol fournirait abondamment à la nourriture de l'homme ; le commerce et l'industrie fleuriraient à l'aide des capitaux que l'on gaspille en préparatifs belliqueux. Il en résulterait un bien-être général qui permettrait de rendre moins pénibles et mieux salariés des travaux dans lesquels l'ouvrier est assimilé, pour ainsi dire, à une bête de somme ; on pourrait enfin guérir la plaie hideuse du paupérisme.

Ainsi, la réforme sociale se ferait peu à peu ; il y aurait moins de richesses pour quelques-uns et plus de bien-être pour le grand nombre.

Que la France, dans un élan patriotique, se dégage des mains de ses ennemis mortels ! Qu'elle implore la puissance divine, et le sauveur promis lui sera donné. — Arrière tous ces révolutionnaires qui ont contribué, de près ou de loin, à l'assassinat du roi Louis XVI ; il reste sur leur front et sur leur mémoire la tache indélébile de leur crime. Qu'ils s'appellent anarchistes, roi usurpateur ou républicains, l'abaissement actuel de la France témoigne hautement de leur incapacité pour gouverner.

Nous sommes donc dans l'attente de ce que Dieu nous réserve pour sauver la société, et il reste à éclaircir la grande question de la descendance de Louis XVI, dont l'histoire n'est plus énigmatique.

Suivent deux notes, venant à l'appui de cette question, que les hommes sérieux prendront en considération, surtout à cause du grand nombre de publications faites à ce sujet.

Que la France sorte donc, enfin, de ce bourbier, creusé par les révolutionnaires franc-maçons, juifs et autres !

France, France ! jette loin de toi tous ces obstacles monstrueux qui te mènent à ta ruine, renverse tous ces gouverneurs aventuriers qui ne s'implantent au pouvoir que pour se gorger de l'or produit par la classe honnête et laborieuse.

Que le peuple comprenne bien que tous ces faiseurs de troubles politiques n'ont qu'un but, produire des conflits, du désordre, afin d'en profiter pour gaspiller à leur aise, semblables à ces voleurs qui portent le trouble dans une foule pour avoir l'occasion de commettre plus facilement leurs escroqueries ; pour eux, tous les moyens sont bons, même ce cri : *séparation de l'Eglise et de l'Etat.* C'est tout simplement parce que la morale du Christ défend la spoliation, l'usurpation et commande la vraie fraternité. Arrière ! arrière donc tous ces prôneurs de fausse morale qui, sous prétexte de réformes, entraînent la foule par des paroles insensées, capables de ruiner, d'anéantir toute saine morale et conduire les peuples à leur perte. Heureusement, la Providence veille, et, à l'heure voulue, leurs sinistres projets seront anéantis.

NOTE PLEINE D'ACTUALITE

Il est bon de rappeler ici que le rapport suivant, sur la descendance de Louis XVI, a été publié, en janvier et février 1831, dans le journal *la Quotidienne* :

« Retiré dans ma chambre à onze heures et demie du soir, je méditais à la fin de ma prière sur le sujet de l'anniversaire du jour (21 janvier), sur l'avenir de la France, enfin sur celui de la ville où ce grand crime fut consommé, et que je considérais proportionnellement comme aussi coupable que Jérusalem. Tout à coup, j'entendis une voix qui semblait sortir d'une bouche peu distante de mon oreille droite, et qui me dit :

« Sois calme et attentif, écris ce que tu vas entendre, et tu le
« publieras par ceux qui écrivent au public. N'attribue pas à tes
« mérites la faveur que tu reçois, mais aux larmes sincères que tu
« verses sur ma tombe ; Dieu t'en sait gré.

« Une grande partie du corps de la mère s'est corrompue,
« quoique son cœur soit toujours resté pur comme celui de son
« époux.

« Cette corruption a gagné des aînés aux cadets, des cadets aux
« puînés ; ma mort a payé pour tous ; plusieurs se sont assis sur
« mon trône, ils y ont trouvé leur perte.

« Une branche s'y était relevée ; ma sève lui refuse vie ; elle
« tombe et meurt.

« Un gourmand[1], avec ses rameaux vigoureux, s'y voit aujour-
« d'hui.

« D'une tempête effroyable, qui confondra potentats et peuples...
« naîtra un tourbillon qui le renversera[2]... Quarante ans après[3],
« Dieu saisira la queue de mon bourreau, en frappera la ville cou-
« pable, et, dans ce choc, ils se briseront mutuellement.

« Tout ce qui aura survécu s'assemblera autour de la place où
« mon sang a coulé ; au milieu d'eux paraîtra celui que l'on croit
« mort, à cause du vêtement et de la nuée qui le couvrent ; il tien-
« dra à sa main droite mon sceptre ; de sa main gauche il soutien-
« dra le cœur de la mère tout palpitant de vigueur et de force,
« qui se revêtira d'un corps nouveau *éclatant de lumière*...

« Celui qui doit tenir mon sceptre en sa main est l'aîné après
« moi ; il prêtera à la mère sa force et sa puissance, pour rame-
« ner sous ses ailes ses enfants de toutes les parties du monde ;
« et, des débris des grandes villes coupables, il bâtira la nouvelle
« Jérusalem. »

En 1711, on a trouvé, dans les écrits de M. Chiaravalle, pro-
fesseur de l'Académie des Fatigosis de l'état de Milan, la note qui
suit : *En* 1888, *un grand homme paraîtra sur la terre, pour
régénérer le monde*[4].

1. Louis-Philippe. — 2. 1848. — 3. 1888. — 4. Cette note se trouve dans une
petite brochure imprimée à Grenoble, en 1714, chez François Champ, libraire, à
la place Saint-André.

NOTES HISTORIQUES

SUR LE

MOYEN QUI FUT EMPLOYÉ POUR SAUVER LOUIS XVII

DE LA PRISON DE LA TOUR DU TEMPLE

M. Patouillet (Gabriel), habitant Paris à cette époque, et qui fut mis en relation avec les personnages décidés à favoriser l'évasion de Louis XVII, a déclaré qu'il y avait dans ce complot l'impératrice Joséphine, un gardien du Temple et un conventionnel.

Voici comment le sculpteur Patouillet (Gabriel) s'est expliqué à ce sujet :

« On prit l'enfant, logé dans une partie de la tour, et on le transporta dans une autre partie plus éloignée ; pour cela, il fallut descendre et remonter plusieurs fois, afin d'arriver à l'endroit propice ; de là on put le descendre au moyen d'une corde que je tenais moi-même. »

L'enfant sauvé, Patouillet, quinze jours après, étant poursuivi par les conventionnels, quitta Paris, parce qu'il savait qu'on recherchait tous ceux qui avaient favorisé cette délivrance et qu'on les envoyait à la mort.

Il vint à Lyon ; sa femme ne l'y rejoignit que plus tard ; il demeura longtemps rue Saint-Pierre.

Patouillet (Gabriel), durant son séjour à Paris, avait été chargé par sa section de la distribution des bons de pain, et, comme il en avait distribué à d'autres qu'à ceux qui lui avaient été désignés, il avait une double crainte, ayant été dénoncé, et pour sauver sa tête, il fut obligé de prendre beaucoup de précautions.

Patouillet avait été protégé par Louis XVI ; on peut voir au Louvre deux de ses œuvres de sculpture, dont l'une est un *Saint Jérôme* en marbre blanc, et l'autre une *Descente de croix*.

Son fils, Jean-Paul Patouillet, tisseur, a demeuré rue Roussy, 12, à Lyon ; il est mort le 28 août 1883, à l'hospice de la Charité. — Il a dit, maintes et maintes fois, à ses amis et connaissances, comment son père avait aidé à délivrer le Dauphin du Temple, surtout à Mme Berrière, place Colbert, 8, qui a beaucoup connu cette famille.

C'est elle-même qui a donné tous ces renseignements, et elle est prête à signer la présente déclaration qu'elle tient directement du fils de Patouillet (Gabriel), le sculpteur.

C'est donc une tradition respectable et qui offre une grande probabilité, en raison des moyens simples employés pour l'évasion.

On voit, par la déclaration précédente de Mme Berrière, que le Dauphin a été descendu de la tour du Temple par l'intermédiaire de Patouillet ; qu'il a été délivré de sa prison, parce qu'il y avait une porte secrète, par laquelle les employés pouvaient sortir et rentrer facilement, ainsi que l'histoire le rapporte, et que c'était par cette porte que le savetier Simon sortait le soir pour se rendre à la Commune. Cette porte n'était connue que des gardiens, ainsi qu'il en est fait mention dans l'histoire de la description du Temple.

Il a donc été plus facile de délivrer le prince par ce moyen, que par ceux indiqués dans tous les rapports où il est question de paquets de linge, de cercueil à double fond, etc., etc., qui sont tous invraisemblables, et qui, sans doute, n'ont été inventés que pour cacher la vérité que l'on avait tout intérêt de tenir dans l'ombre, afin de ne compromettre personne.

DÉCLARATIONS

VENANT A L'APPUI DE CE QUI PRÉCÈDE

Copie expédiée le 21 mars 1874, à M. Agnettant, par M. Comte, négociant à Béziers, aujourd'hui domicilié à Carcassonne (Aude).

Le sieur Carrière, docteur en médecine, à Béziers, à l'âge de quatre-vingt-deux ans, s'est exprimé devant moi comme il suit :

« J'habitais Paris, dit le docteur, en qualité d'écolier, et je logeais chez mon oncle, qui fut plus tard le docteur Adoue. Mon oncle, alors âgé de trente ans, accompagnait comme prosecteur le docteur Dessault dans ses visites, et notamment au Temple, où ce dernier était chargé de soigner le Dauphin, fils du Roi.

« Je me rappelle lui avoir entendu raconter maintes fois que l'enfant royal avait été substitué, et remplacé par un autre enfant rachitique ; et voici comment il racontait cet événement :

« Un jour j'accompagnais, comme d'habitude, le docteur Des-
« sault dans sa visite au Temple. En arrivant dans la cellule, le
« docteur s'approche du lit où reposait le Dauphin, et lui prend la
« main pour lui tâter le pouls. Tout à coup le docteur Dessault, qui
« était très violent de caractère, s'écrie en poussant un juron : Ils
« ont enlevé l'enfant !

« En effet, le Dauphin avait à la main une tumeur scrofuleuse,
« qui ne pouvait pas disparaître si subitement, et que le docteur
« Dessault ne retrouva pas en cherchant, ce qui provoqua son
« étonnement.

« Le lendemain le docteur Dussault mourait empoisonné, à la
« suite d'un dîner auquel il avait été invité. »

« Tels sont les faits que le sieur Carrière tient de son oncle le docteur Adoue, comme les lui ayant entendu raconter souvent.

« Ce dernier, originaire de l'Isle-en-Dodon (Haute-Garonne), s'est fixé à Toulouse après la Terreur, et il a acquis en cette ville une certaine réputation comme médecin. Il est décédé depuis plusieurs années. »

Une déclaration analogue nous avait déjà été faite par un ami, M. Ray, qui, se trouvant malade à Béziers, fut soigné par le docteur Carrière.

Comme ils parlaient politique ensemble dans l'intimidité, le docteur Carrière en vint à dire à M. Ray :

« Je ne sais pas ce qui arrivera plus tard, mais retenez bien
« ceci. »

Et il lui fit le même rapport qu'on vient de lire, en y ajoutant cette circonstance observée par le docteur Adoue :

« On avait éloigné avec soin le personnel de la maison, pendant
« le dîner où le docteur Dessault fut empoisonné, afin qu'on n'en-
« tendît pas ce qui se disait, car le docteur Dessault parlait fort, en
« affirmant que l'enfant qu'il avait vu le matin n'était plus le Dau-
« phin et *qu'il le prouverait* [1]. »

Beaucoup de sommités historiques ont déclaré, après mûr
examen, que Louis XVII n'est pas mort au Temple, et d'après les
déclarations ci-dessus, ce fait est acquis à l'histoire.

MM. de Beauchesne et de Chantelauze sont tombés dans une
même erreur, en disant que le Dauphin est mort au Temple,
malgré toutes les preuves contraires. Il est donc important que la
lumière soit faite.

---

[1]. Cette dernière parole n'a-t-elle pas été la cause de son empoisonnement?

FIN

IMPRIMERIE D. DUMOULIN ET Cie

Rue des Grands-Augustins, 5, à Paris.